Das Haiku ist im 14. Jahrhundert in Japan unter dem Einfluß des Zen-Buddhismus als kleinste Gedichtform der Welt entstanden. Auch in Deutschland haben sich Dichter wie Arno Holz, Franz Blei, Bert Brecht, Günter Eich mit dem Haiku beschäftigt.
In dieser Tradition beschreibt Michael Groißmeier im vorliegenden Band den Verlauf eines Jahres von Neujahr über Sommer und Herbst bis hin zum Winter in Kurzgedichten nach Haiku-Art.

MICHAEL GROISSMEIER, geboren 1935 in München, Lyriker und Erzähler, lebt in Dachau. Für sein literarisches Werk wurde er mehrfach ausgezeichnet. Er ist Mitglied der Autorengemeinschaft »Münchner Turmschreiber«. Im Allitera Verlag erschienen »Der Zögling« (Autobiographie), »Im Leuchtkäferlicht« (Haiku), »Suche nach Avalun« (Gedichte), »Garten meiner Kindheit« (Gedichte), »Die Wirklichkeit des Traums« (Gedichte) und »Auferstehungslust« (Gedichte). In der LYRIKEDITION 2000 erschienen die Gedichtbände »Mein irdisches Eden«, »Charons Blick« und »Warum genügt uns nicht die Erde?«.

Michael Groißmeier

Die Eiszapfenharfe

Kurzgedichte nach Haiku-Art

Weitere Informationen über den Verlag und sein Programm unter:
www.allitera.de

Bibliografische Information der Deutschen Nationalbibliothek
Die Deutsche Nationalbibliothek verzeichnet diese Publikation in der
Deutschen Nationalbibliografie; detaillierte bibliografische Daten sind
im Internet über http://dnb.d-nb.de abrufbar.

Januar 2010
Allitera Verlag
Ein Verlag der Buch&media GmbH, München
© 2010 Buch&media GmbH, München
Umschlaggestaltung: Kay Fretwurst, Freienbrink
Herstellung: Books on Demand GmbH, Norderstedt
Printed in Germany · ISBN 978-3-86906-083-5

Für Margit und Andrea

Neujahr

Ach, mit denselben
grauen Haaren erwach ich
am Neujahrsmorgen!

Am Neujahrsmorgen –
freudiger, scheint's, kräht der Hahn
seinen Morgengruß.

Am Neujahrsmorgen –
das bittre Brot von gestern
beim Kaun wird süßer.

Am Neujahrsmorgen –
so salzig wie am Vortag
schmecken die Tränen.

Am Neujahrsmorgen –
mit blanken Äuglein die Maus
blickt aus ihrem Loch.

Am Neujahrsmorgen
der Kater schleicht sich ins Haus,
Schnee auf dem Rücken.

Am Neujahrsmorgen
bleibt die Katze im Körbchen –
verschläft den Neuschnee.

Am Neujahrsmorgen
träumt die Katze im Körbchen
von der Mäusejagd.

Den Neujahrsmorgen,
auch den beginnt der Kater
mit langem Gähnen.

Am Neujahrsmorgen –
die ersten Glückwünsche doch
schilpen die Spatzen.

Die Feierlichkeit
des Neujahrsmorgens stören
nicht einmal die Krähen.

Zum Jahresbeginn –
wieder derselbe Hintern,
grantelt mein Schreibstuhl.

Am Neujahrsmorgen –
der Mond ist noch derselbe,
nur etwas blasser.

Am Neujahrsmorgen –
die Schneeflocken nicht weißer
als die am Vortag.

Am Neujahrsmorgen –
nichts Neues bespricht der Wind
mit Kiefernwipfeln.

Am Neujahrsmorgen –
die alte Leier des Winds
in Pappelreihen.

Am Neujahrsmorgen –
auf dem Schneefeld die Krähen
noch schwärzer als sonst.

Am Neujahrsmorgen –
im Wasser mein Spiegelbild
jünger geworden?

Am Neujahrsmorgen –
die Fußstapfen von gestern
vom Neuschnee verweht.

Erster Tag im Jahr –
wieder steh ich vor dem Berg,
neu zu besteigen.

Frühling

Die Märzensonne –
vom Winter hat sie sich wohl
noch nicht ganz erholt.

Ein lauer Föhnwind
trocknet die vom Schmelzwasser
noch feuchten Äcker.

Daß meine Haiku
Frühlingswind verweh, fürcht ich –
sie wiegen so leicht!

Mit Weidenzweigen
malt der Frühlingswind sein Bild
in das Himmelsblau.

Die Weidenkätzchen,
vom Silberweiß der Wolken –
ach, festgewachsen!

Die Spatzenkinder,
laut sich balgend, achten nicht
des Frühlingsregens.

Bis zum Rand gefüllt
der Tulipanen Kelche
mit Frühlingsregen.

Das Kätzchen, es streift
übern blauen Veilchenhang,
zerdrückt nicht eines.

Keine Bläue bleibt
haften am Kätzchen, das durch
das Veilchenblau streift.

Aber ihren Duft
gaben ihm die Veilchen mit,
die er nicht pflückte.

Die blauen Veilchen –
sie werden es verschmerzen,
wenn wir nicht mehr sind.

Etwas früher heut
scheint der Morgen zu dämmern –
Knospen brachen auf.

Auf fernem Hügel
blühende Schlehdornbüsche
täuschen Neuschnee vor.

Vom Hügel herab
rollt eines Fasanen Ruf –
mir vor die Füße.

Wie schleppt er so schwer,
der Fasan, an seinem Schweif
aus goldnen Federn!

Des Fasanen Schweif –
von den Löwenzahnstengeln
fächelt er Samen.

Über und über
voller Löwenzahnsamen
des Fasanen Schweif.

Löwenzahnsamen –
ganz sorglos vertraun sie sich
dem Hauch des Winds an.

Der Menschen Geschwätz –
was ist es schon gegen das
Schwatzen der Stare!

Man könnte glauben,
es gäb ihn nicht, den Kuckuck –
wär da nicht sein Ruf.

Ob er hinauftönt,
des Kuckucks Ruf, bis zum Mond? –
Der scheint taub zu sein.

Das Vergangene –
morgens lebt es wieder auf
in des Kuckucks Ruf.

Manchmal ist es mir,
als töne des Kuckucks Ruf
aus der andern Welt.

In der andern Welt –
wird man des Kuckucks Rufen
herüberhören?

Des Flusses Rauschen
nicht ganz übertönen kann
den Ruf des Kuckucks.

Vom jenseitigen
Ufer bringt der Kahn auch den
Ruf des Kuckucks mit.

Will es doch der Frosch,
dieses quakende Großmaul,
dem Kuckuck gleichtun!

Wie reingewaschen
vom plötzlichen Mairegen
die Kuckucksrufe.

Die sich öffnende
Wildkirschenknospe, hört sie
den Ruf des Kuckucks?

Die Blütenwipfel
der wilden Kirschen dämpfen
die Kuckucksrufe.

Wildkirschendickicht –
inniger noch duftet es
als mein Kirschgarten.

Erleichtert bin ich,
seh ich nach dem Erwachen
die Kirschen noch blühn.

Dem Kirschblütenduft
öffnet der Erwachende
morgens das Fenster.

Morgens kehrt er heim,
der Kater, mit Kirschblüten
in den Schnurrhaaren.

Wo früh am Morgen
der Hahn mit den Flügeln schlägt,
stieben Kirschblüten.

Ein Kirschblütenblatt
hat Wind aufs Papier geweht –
schreib nicht mehr weiter.

Eine Kirschblüte
weht mir der Wind aufs Papier –
vollkommnes Haiku!

In die Betrachtung
der Kirschblüte versunken
der Haiku-Meister.

Kirschblütenkühle –
aber all den Betrachtern
wird warm ums Herz.

Wie wird sie verwöhnt
heute morgen, die Nase,
vom Kirschblütenduft!

Ein Rest Schneekühle
hat sich in die Kirschblüten
hineingerettet.

In der Frühlingsnacht –
Flötentöne verfließen
mit Kirschblütenduft.

Einfältiger Mond –
nicht überstrahlen kannst du
der Kirschen Blüte!

Der Weg des Mondes
über die Kirschblüten hin –
schon nicht mehr sichtbar.

Wehe, wenn er bricht,
der Kirschblütenzweig, unter
dem Gewicht des Mondes!

Zwischen Kirschblüten,
die auf dem Wasser schwimmen,
versteckt sich der Mond.

Heimlich über Nacht
eingeschneit von Kirschblüten
im Teich die Karpfen.

Von Zweig zu Zweig hüpft
eine Amsel – doch keine
Kirschblüte fällt ab.

In Käferaugen
sieht die Welt wohl anders aus –
auch die Kirschblüte.

Mit der Kirschblüte
schaukelt hin und her im Wind
saugende Biene.

Gedulde dich, Wind,
wenigstens noch einen Tag –
die Kirschbäume blühn!

Nur zu erahnen
hinter der Gartenmauer
Kirschblütenbäume.

Kirschblütenblätter,
über den Eingang verstreut –
still der Gast kehrt um.

Das Kirschblütenblatt,
so weiß im grünen Salat –
ich esse es mit.

Nach dem Regenguß –
ein Rinnsal aus Kirschblüten
rieselt am Wegrand.

Der Kirschblütenbaum,
dessen Blüten abfallen,
lehrt mich das Altern.

Den Kirschzweig im Glas,
wie die Zweige am Kirschbaum
erfüllt ihn Sehnsucht.

Unpassend ist es,
das Zeitliche zu segnen
zur Kirschblütenzeit.

Morgendämmerung? –
Nein, jäh sind aufgebrochen
die Pflaumenknospen!

Die Pflaumenblüte –
von der Reinheit des Erstschnees,
von seiner Kühle.

Ein weniges noch
atmen die Pflaumenblüten
von der Schneekühle.

Die Winterkühle
weicht aus den Stubenecken –
Blütenduft strömt ein.

Pflaumenblütenduft
nachts strömt zum Fenster herein –
vergangne Zeiten.

Pflaumenblütenduft –
unseren Augen sichtbar
als Hof um den Mond.

Die Abendglocke –
Kirsch- und Pflaumenblütenduft
bringt sie in Wallung.

Der Klang der Flöte
vereinigt sich mit dem Duft
der Pflaumenblüte.

Pflaumenblütenduft –
heut überlaß ich mich ganz
der Nase Führung.

Aprilmond mischt sich
unter die Pflaumenblüten –
möcht auch Blüte sein.

Den Pflaumenblüten
auf dem Wasser der Vollmond
wohl wiegt nicht zu schwer.

Du armer Karpfen! –
Nichts ahnst du vom Blütenduft
überm Gartenteich!

Keine einzige
Pflaumenblüte ist zuviel
am Blütenwipfel.

Jeder Pflaumenbaum,
der in voller Blüte steht,
verbreitet Wärme.

Die Pflaumenblüten
sehnen sich nach den Bienen,
die wir vergiftet.

Nur dem Blütenzweig,
unter dem ich hindurchgeh,
beuge ich mein Haupt.

Statt die Hand zum Gruß
reichte mir die Geliebte
einen Blütenzweig.

Pflaumenblütenfall –
beim Rauschen des Wasserfalls
höre ich ihn noch.

Pflaumenblütenfall –
behutsamer die Hufe
setzt heut das Pferd.

Von Pflaumenblüten
der Gartenweg übersät –
was zögert der Fuß?

Gestern noch fegte
er den Schnee, der Strohbesen –
Pflaumenblüten heut.

Das törichte Huhn –
scharrt die Pflaumenblüten weg,
im Staub zu baden!

Die Abendglocke –
beim Fall der Pflaumenblüten
etwas gedämpfter.

Nichts als das Fallen
der Pflaumenblüten des Nachts –
gleichgültiger Mond.

Die Sternenstille –
wie sie ins Herz dringt beim Fall
der Pflaumenblüten!

Eine Blüte fiel –
wieder ein Augenblick, ach,
im Leben vorbei!

Die Pflaumenbäume –
werden sie auch dort blühen,
in der andern Welt?

Die Kastanien blühn –
nehmen sie uns zur Kenntnis?
Sie äußern sich nicht!

Nur fressen will es,
das Pferd, schont nicht am Wegrand
die Eibischblüten.

Die Morgenröte
läßt die weißen Pfingstrosen
jählings erröten.

Einen Augenblick
verweilt er, der Mond, bei der
weißen Pfingstrose.

Vor rot prunkenden
Päonien, o wie gering
scheint des Menschen Stolz!

Päonienblüte –
auch wenn sie am Boden liegt,
bewahrt sie Würde.

Unter dem Gesang
der Nachtigall erbeben
die Blüten am Zweig.

Fängt die Nachtigall
zu schlagen an, wird er ganz
leise, der Regen.

Ob die Nachtigall
fröhlich oder traurig ist,
verrät nicht ihr Schlag.

Dem Tauben erzähl
von der Nachtigall – ich wett,
er hört sie singen!

Sing nur, Nachtigall –
vielleicht des Käfigs Stäbe
zerbricht dein Gesang!

Ausgestorben
die Nachtigall – ich nehme
vorlieb mit Spatzen.

Wieder öffnet sich
die Teichrose – so wie am
Anfang der Erde.

Zur selben Zeit wohl
erblüht eine Teichrose
in der andern Welt.

Erste Teichrose –
der Inbegriff der Stille,
den Sternen verwandt.

O welche Reinheit
der Teichrosen, der Sterne
und Chrysanthemen!

Mit erhobnem Haupt
gleitet die Ringelnatter
durch die Teichrosen.

Durch die Teichrosen
bahnt sich die Ringelnatter
eine schmale Furt.

Die Ringelnatter
windet sich um den Teichmond –
kann ihn nicht halten.

Wohin er enteilt,
der Frühling? – Blüten läßt er
als Antwort zurück.

Ende des Frühlings –
vor lauter Sommeranfang
kaum wahrgenommen!

Sommer

Sonniger Morgen –
was wohl Goethe auf seinem
Sockel denken mag?

So still der Morgen,
daß ich sie läuten höre,
die Glockenblumen.

Das Vergißmeinnicht –
in seiner Bescheidenheit
leicht zu übersehn.

Tropfen Taus im Bart,
so wandere ich fürbaß –
bin ein reicher Mann!

Durch den Tau watend,
zertrete ich die Tropfen –
ach, gedankenlos!

In des Tautropfens
Lautlosigkeit verborgen
des Wassers Rauschen.

Ein Tautropfen nur
spiegelt das Weltall wider –
welche Vollendung!

Wie in der Sonne
der Morgentau verdunstet,
schwindet hin das Sein.

Die Amsel zetert,
komme ich ihr zu nahe –
ach, der Schöpfung Riß!

Die Ackerzeilen,
die ein Bauer pflügt, wie ein
Haiku les ich sie.

Eine Ladung Wind
zieht das Bäuerlein nach sich
in seiner Hose.

Der dort Rüben hackt,
was blickt er auf zum Himmel? –
Sieht er die Lerche?

Einem Erdklumpen
scheinen Flügel gewachsen
zu sein – die Lerche.

Im Höhersteigen
tiriliert sie, die Lerche –
ist ganz sie selber.

Zu nichts anderem
scheint sie geborn, die Lerche,
als zu lobpreisen.

Zu nah der Sonne
die Lerche – zu Asche wohl
verglüht ihr Gesang.

Ist doch die Lerche
vor die Sonne geflogen –
ein Stück Flugasche.

Weiß meinen Namen
der Käfer, der mich anglotzt? –
Kenn ich den seinen?

Die Pferdeäpfel –
der hungernden Spatzenschar
köstliche Speise.

In der Schmutzlache
badet sich ein junger Spatz
ganz ohne Ekel.

Das gestrige Gras
wiederzukäuen – nur des
Ochsen Gewohnheit.

Das Brunnenwasser –
Esel und Ochs genügt es –
warum nicht auch uns!

Gestreift vom Schatten
der Zaunlatten, die Schafe
sehn aus wie Zebras.

Die gleiche Sonne
in den Augen des Hundes
wie in den unsern.

Die Schnauze gelegt
auf seine Vorderpfoten,
hört mein Hund mir zu.

Lästige Fliegen! –
Vielleicht denken auch sie sich:
lästige Menschen!

Zögere nicht lang,
müßiger Kater, wenn dich
deine Gattin ruft!

Stimm sie wohlgesinnt,
deine Gefährtin, Kater,
bring ihr eine Maus!

Unsere Katze
brachte uns sieben Mäuse –
so lieb hat sie uns!

Stellt sich der Kater
auf seine Hinterbeine,
vom Tisch zu naschen!

An den Schnurrhaaren
des heimkehrenden Katers
Tropfen Morgentaus.

Die Kinder flechten,
sieh, dem Kätzchen ein Halsband
aus Gänseblümchen!

An seinem Duft sich
ergötzend, wälzen Katzen
sich im Baldrian.

Am Lavendelduft
berauscht sie sich, die Katze,
wälzt alles nieder.

Auf einem Brücklein
die Katze sieht sich im Bach:
Wer das wohl sein mag?

Als ich der Katze
die Pfoten waschen wollte,
hat sie mich gekratzt.

Auf ein Huhn kommen
hundert Körner – doch streiten
sie sich um eines.

Zieht doch die Spinne
ihre Fäden von Kuhhorn
zu Kuhhorn des Nachts!

Leicht ist mir ums Herz –
ein Spinnennetz könnte es
heute wohl halten.

Im Wassereimer
eine ertrunkne Spinne –
wo ihre Seele?

Des Hirtentäschels
Bescheidenheit – darum wohl
beachten wir's nicht.

Das Hirtentäschel –
uns erscheint es als Nichtsnutz
unter den Pflanzen.

Am Morgen der Tau –
ich deute ihn mir als den
Angstschweiß der Gräser.

Wie stark der schwache
Grashalm – trägt den Heuhüpfer
und auch den Stieglitz!

Es hüpft mir ins Haar,
das Grashüpferchen, hält es
wohl schon jetzt für Gras.

Mit einem Sprung springt
über hundert Tautropfen
hinweg das Heupferd.

Der kleinwinzige
Heuschreck – welch weite Sprünge
ihm doch gelingen!

Hüpfe mich nur nicht
über den Haufen, Heuschreck,
du kleinwinziger!

Komm ich des Weges,
verstummt die Grille vor mir –
flöß ich solch Furcht ein?

Du Wiesengrille,
verirre dich nur ja nicht
in Buddhas Nase!

Warum ich Alter
noch geige kurz vor dem Ende? –
Mach's der Grille nach.

Immerfort klagt sie,
die Zikade – nicht wissend
um des Lebens End.

Wenn die Zikaden
in den Föhren verstummen –
schmerzhaft die Stille!

Wonach die Föhre
sich sehnen mag? – Nur dem Wind
vertraut sie es an.

Bei diesem Nieseln
der Kiefernnadeln Rieseln
ins Gras klingt wässrig.

Nichts als das Knistern
fallender Föhrennadeln –
im Welteneinklang.

Der Haiku-Meister –
mit dem Wind in den Föhren
hält er Zwiesprache.

Die Föhrenwipfel
lehren den Haiku-Meister,
wie sie zu schweigen.

In allen Dingen
ist ein Haiku verborgen –
heb es an den Tag!

Ein Bändchen Haiku –
mein Handgepäck für die Reise,
ich weiß nicht, wohin.

Wenige Haiku
werde ich hinterlassen –
einzige Spur.

Meines Atems Hauch,
er bliebe tonlos, wäre
nicht die Rohrflöte.

Wäre ich ein Ton
aus der Flöte, ich sehnte
mich in sie zurück.

So arm war Issa,
daß ihm die Weinbergschnecke
Unterschlupf böte.

Der Maulwurfshügel –
hoch wie der Fuji muß er
der Schnecke scheinen.

Die Weinbergschnecke –
ich will sie nicht verdrießen,
nehm den andern Weg.

Zwei Schritte vor ihr,
fühlt mich die Weinbergschnecke,
zieht die Fühler ein.

Die Weinbergschnecke –
was zieht sie die Fühler ein
vor mir, ihrem Freund?

Die Weinbergschnecke –
warum zieht sie nur einen
der zwei Fühler ein?

Unendlich viel Zeit
scheint die Schnecke zu haben –
auch kurz vor dem End.

Leeres Schneckenhaus –
von ihrer Bewohnerin
nicht eine Spur mehr.

Eine einzige
Königskerze schon adelt
einen Schutthaufen.

Schuttabladeplatz –
den bescheidenen Winden
genügt er zum Blühn.

Die Ackerwinden –
es scheint, als lauschten auch sie
dem Lerchengesang.

Sie horchen hinaus
in den weiten Weltenraum,
die Trichterwinden.

Die Trichterwinde
halt an dein Ohr, und du hörst
das Weltall rauschen!

Hätte ich das Ohr
der blauen Trichterwinde,
was erlauscht' ich mir?

Hat sich doch einen
Schlafplatz die Hummel in der
Zaunwinde gesucht!

Ihren Nektarrausch
schläft eine Hummel in der
Ackerwinde aus.

Was brummst du, Hummel –
willst wohl der Bombardon sein
unter den Bläsern!

Ach, daß die Winden
auf ewig mich fesselten
an unsre Erde!

Die weiße Winde –
noch während ich sie male,
schließt sie ihren Kelch.

Die Stundenblume –
während Hokusai sie malt,
ist sie schon verwelkt.

Wie schnell doch verwelkt
die weiße Windenblüte –
kurz unser Leben!

Verblühte Winden –
und trotzdem scheint die Sonne,
als sei nichts geschehn!

Zwei, drei Blätter
sind abgefallen vom Mohn –
dennoch welch Würde!

Ganz ohne Absicht
entblättert der Wind den Mohn –
wie's halt sein Wesen.

Zitronenfalter –
einst von Hokusai gemalt –
wiedergeboren.

Das Pfauenauge –
aus des Schmetterlings Flügeln
welch göttlicher Blick!

Auf einer Glocke
ruht ein Schmetterling – ich hoff,
sie schweige noch lang.

Im Netz der Spinne
gefangen ein Schmetterling –
rings soviel Freiheit!

Auch der Schmetterling,
der sich flatterhaft tummelt,
wird ein Ziel haben.

Nicht würdig mein Staub,
wiedergeboren zu werden
als Falterflügelstaub.

Aufschreckt der Falter,
als in der Mittagshitze
aufplatzt der Kürbis.

Von der gestrigen
Abendkühle ein bißchen
in der Melone.

Die Saftmelone –
über Nacht hat sie etwas
Kühle gespeichert.

Mittagsschlaf halt ich
unterm Kürbisblätterdach –
selbst schon ein Kürbis.

Heißer Sommertag –
nur mehr durstige Wesen
Hunde und Menschen.

Heißer Sommertag –
heute verschmäh ich den Steg,
wate durch den Bach.

Die Sommerhitze
wird erträglich, betracht ich
ein Bild vom Eismeer.

Nichts als nur Schatten
bin ich ihr – die Eidechse
rückt in die Sonne.

Bei Bienengesumm
deutlicher noch die Stille
des Sommermittags.

Die Sonnenblumen
blicken der Sonne ins Aug –
furchtlos, wie es scheint.

Den Sonnenblumen
blickt die Sonne ins Auge –
geschwisterlich sanft.

Zur Vollkommenheit
eines Gartens gehört auch,
was man Unkraut nennt.

Das Weiß der Lilien
weist den Weg durch den Garten –
ich brauch nicht den Mond!

Die Nachtviolen –
sie duften wohl nicht süßer
in der andern Welt.

Die Abendkühle –
keiner kann sie mir stehlen –
kein Gut für den Dieb!

Der alte Weiher –
was zeigt er mir mein Gesicht,
zeigt mir mein Alter!

Aus dem Grund des Teichs
was mag das auftauchende
Bläßhuhn mitbringen?

Das aus dem Teichgrund
auftaucht, das Teichhuhn schüttelt
Sonnensplitter ab.

Hat denn die Ente
gar keine Scham beim Tauchen –
zeigt ihr Hinterteil!

Flügelschlagend, sieh,
wirbeln die Enten im Teich
weiße Wolken auf!

Der Wasserläufer –
des Teiches Maße mißt er
immer wieder ab.

Libellenlarven
kriechen die Binsen hinauf –
voller Erwartung.

Kurz vor dem Schlüpfen
gestern eine Libelle –
heut leere Hülle.

Eine geschlüpfte
Libelle gestern gesehn –
wo mag sie heut sein?

Ihren letzten Tanz
tanzt sie wohl, die Libelle,
sorglos, ohne Arg.

Ihr armen Fische –
ihr, tief am Grund des Teiches,
hört nicht den Nachtwind!

In die sichere
Tiefe des Teiches, ihr Karpfen! –
Hagelschauer droht!

Die Sterne im Teich
schmerzt es nicht, prasselt nieder
auf sie der Hagel.

Wenn im Teichwasser
die Hagelkörner schmelzen –
nicht doch die Sterne.

Am Teich ein Reiher,
starrend auf sein Spiegelbild –
ob er sich erkennt?

Um den leeren Raum
wenige Pinselstriche –
ein Silberreiher.

Ein Eisvogel taucht
nach Fischen – Wasserperlen
bringt er nach oben.

An des Eisvogels
Gefieder jeder Tropfen
scheint ein Diamant.

Kein einziger Frosch
hat unseren Teich beehrt
mit seinem Besuch.

Des Wassers Geräusch,
wenn ein Frosch in den Teich springt,
Jahrtausende alt.

Daß du dir ja nicht
deinen dicken Bauch prellst, Frosch,
beim Sprung in den Teich!

Schnurstracks in den Mond
springt der Frosch – ob er jemals
wieder emportaucht?

Flüchte dich, Fröschlein,
schleunigst in den Teich, ehe
der Hagel dich klopft!

Welch fetter Happen!
denkt wohl der Frosch, der eine
Mücke geschnappt hat.

Unter des Lattichs
breitem Schatten hält der Frosch
seinen Mittagsschlaf.

Griesgrämiger Frosch,
was verdirbt dir die Laune –
doch nicht die Sonne?

Hat sich doch eine
Fliege frech auf die Nase
des Frosches gesetzt!

Das Froschgequak –
es gehört zur Sommernacht
wie's Grillengezirp.

Am Morgen verstummt
die Frösche – doch ihr Quaken
hab ich noch im Ohr!

Die Grille, der Frosch –
jeder hört wohl nur seinen
eigenen Singsang.

Aus hundert Löchern
tönt es vom Hang des Hügels
mit Grillenstimme.

Was es ergründet
auf dem Grunde des Flusses,
das Bläßhuhn verschweigt's.

Schwimmen nachts im Fluß –
die Sterne zerrinnen mir
zwischen den Fingern.

Beim Überqueren
des Flusses watete ich
durch mein Spiegelbild.

In mein Spiegelbild
im Flußwasser versunken –
ganz in mich selber.

Des Flusses Wellen
über mein Spiegelbild hin –
so gedankenlos!

Wie einem Fremden
schau ich meinem Spiegelbild,
mir selbst, ins Gesicht.

Die Weiden hängen
ihre Zweige in den Fluß,
daß er sie streichle.

Halt an die Weide
dein Ohr, vielleicht hörst du der
Gestirne Summton!

Der in den Fluß hängt,
der Weidenzweig, er wehrt sich
gegen die Strömung.

Von dem Weidenlaub
reden lernen – aber auch
schweigen beizeiten.

Die Weidenzweige –
keiner wohl ahnt, welchen man
zur Flöte schneidet.

Die Trauerweide –
sie läßt die Zweige hängen
trotz grünen Laubs.

Die Bachforelle,
stehend unter der Brücke –
auf was wartet sie?

In der Dunkelheit
der Nacht noch heller hören
der Quelle Murmeln.

Bei leisem Nachtwind
der Bäume Selbstgespräche –
wer könnt sie deuten!

Des Laubes Zungen
sprechen nach, was der Nachtwind
ihnen zuflüstert.

Vor meinem Fenster
Weinlaub beginnt zu zagen,
vorausahnend Wind.

Das Ungesagte –
stetig versucht Wind, es mir
vom Mund zu reißen.

Was ich je gedacht,
weht mir jetzt unverhohlen
Nachtwind ins Gesicht.

Durchs offne Fenster
weht Nachtwind ein Ahornblatt –
bin jetzt nicht allein.

Die Wetterfahne
muß sich stets nach dem Wind drehn –
wie demütigend!

Will doch das Windlicht
übertrumpfen den Glühwurm
mit seinem Leuchten!

Nach dem Abendtrunk
leuchtet mir ein Glühwürmchen
auf der Nase heim.

Von Pferdenüstern
halte dich fern, Glühwürmchen –
sie sögen dich ein!

Das Leuchtkäferchen –
warum löscht es nicht sein Licht
vor der Fledermaus?

Das Leuchtkäferchen –
warum leuchtet es auch noch
seinen Verfolgern?

Das Leuchtkäferchen –
vor seinen Verfolgern flieht's
in Buddhas Nase.

Nicht einmal der Hand,
die es fing, versagt's sein Licht,
das Leuchtkäferchen.

Das Leuchtkäferchen –
die's gefangen, in der Hand
leuchtet es weiter.

Das Leuchtkäferchen –
der es entkommen, der Hand
kein Licht läßt's zurück.

Lösch deine Lampe,
das Leuchtkäferlicht genügt
beim Haikuschreiben!

Das Leuchtkäferchen –
zum Schreiben eines Haiku
braucht's kein andres Licht.

Der Haiku-Dichter –
beim Schein der Leuchtkäferchen
schreibt er sein Haiku.

Sekundenlang nur
leuchtet das Leuchtkäferchen auf –
und schon ein Haiku.

Lösch deine Lampe,
versuch weiterzulesen
in der Sternenschrift!

Sieh, der Abendstern –
alle anderen Sterne
schlägt er aus dem Feld!

Durch das Stundenglas
rieselt der Sand – wie durch den
Himmel die Sterne.

Durch das Schlüsselloch
blickt der Mond in mein Zimmer –
mir in das Auge.

Einäugiger Mond,
was starrst du die ganze Nacht
mich Schlaflosen an!

Auf meiner Liege
hat sich der Mond breitgemacht –
ich schlaf auf dem Stuhl.

Liegt doch der Vollmond
auf meiner Liegstatt – bis sie
mitten entzweibricht!

Aus meiner Bettstatt
spring ich mit bloßen Füßen
pfeilgrad in den Mond.

Im Zimmer der Mond –
an den vier Kanten des Tischs,
ach, wie stößt er sich!

Für das Glas Kognak
brauch ich keinen Eiswürfel –
der Mond genügt mir.

Laub vor dem Fenster –
wie ersehn ich seinen Fall –
um den Mond zu schaun!

Mit Lichtfingern streicht
Mond über Geigensaiten –
nur der Haijin hört's.

Welche Melodie
Mondlicht auf der Harfe spielt –
unhörbar dem Ohr.

Schon bin ich ein Greis,
doch kein Wort noch hat zu mir
der Mond gesprochen.

Aus der andern Welt
in die unsre rollt der Mond –
und wieder zurück.

In der andern Welt –
werd ich auch dort den Mond sehn –
seine Kehrseite?

Gib doch acht, Spielmann,
mit deinem Geigenbogen
spieß nicht den Mond auf!

Der Föhrenwipfel,
hin- und herwogend im Wind,
zerkratzt ihn, den Mond.

Wundersame Nacht –
aus den Kletterrosen taucht
unversehrt der Mond.

Der volle Mond ritzt
den Pfirsich, ohne daß Saft
zu fließen beginnt.

Einen Augenblick
hält der Wandermond inne
bei den Päonien.

An einem Mondstrahl
sogar windet sich empor
die Ackerwinde.

Oh, welche Mondnacht! –
Bäume und Menschen und Gras,
nichts als nur Schatten.

Leicht, ein Tautropfen,
hängt der Vollmond am Grashalm –
drückt ihn nicht nieder.

Im Melonenfeld
versteckt sich der Vollmond, wird
selbst zur Melone.

Bei dem hastigen
Wolkenlauf scheint's auch der Mond
eilig zu haben.

In seiner Hütte
ein einziges Bild, der Mond –
so arm war Issa!

Als ich hinausging,
trat ich mitten in den Mond –
wie mich das schmerzte!

Die Bank vor dem Haus,
für zwei nur bietet sie Platz –
für mich und den Mond.

Zwängt sich doch durch die
Öffnung der Steinlaterne
der Dickwanst Vollmond!

Auf dem schmalen Steig –
wie soll ich vorbeikommen
an dem prallen Mond!

Bin ich doch gestern
nach dem Abendtrunk übern
Vollmond gestolpert!

Du lieber Vollmond,
kommst mir zwischen die Beine,
daß ich fast strauchle!

Mondlicht ergießt sich
in den Hohlweg und läßt ihn
als Bach erscheinen.

Beim nächtlichen Bad –
aus meinem Badezuber
drängt mich der Vollmond.

Wer das vermöchte:
mit dem Eimer aus dem Teich
den Mond zu schöpfen!

Zu den Teichrosen
hat sich der Vollmond gesellt –
welche Dreistigkeit!

Der Teich blickt mich an
mit dem Auge des Mondes –
aus welcher Tiefe?

Aus dem Dorfweiher
den Mond an Land zu ziehen –
das wär Anglerglück!

Nach dem Vollmond wirft
der Angler die Rute aus –
beißt er an, der Mond?

Heiße Sommernacht –
wer wohl baden mag im Fluß?
Des Mondes Hintern?

Eine Weile rollt
der Mond dahin auf dem Bach –
wie auf einem Pfad.

Nächtelang wandert
der Mond den Bachlauf hinab –
ausgetretner Pfad.

Warum nimmt er nicht
die Brücke, der Mond watet
einfach durchs Wasser?

Wechselt doch der Mond,
ohne naß zu werden, sieh,
des Flusses Ufer!

Für dich, lieber Mond,
ist jederzeit Platz im Kahn –
ich mache mich dünn.

So schwer der Vollmond –
er wird mir noch meinen Kahn
zum Kentern bringen!

Summt eine Mücke,
erstarrt in meinen Adern
vor Schreck alles Blut.

Warum verschmähen
die Mücken des Nachbarn Blut,
doch nicht das meine?

Wendisches Wetter –
flugs dient mir der Sonnenschirm
auch als Regenschirm.

Vorm Regenschauer
flüchten wir in das Zimmer –
der Falter und ich.

Bald wird es regnen –
weh, wenn dich ein Tropfen trifft,
Feuerkäferchen!

Der Regentropfen –
nun hat er sie getroffen,
ach, die Ameise!

Der Regentropfen –
hoffentlich erschlägt er mir
die Ameise nicht!

Auf das Gehäuse
der Schnecke trommelt Regen –
bald wird sie taub sein.

Der Sommerregen
lockt Kröten aus dem Erdloch –
ich verkrieche mich.

Sommerregentag –
voller Regenseligkeit
der Ruf der Unke.

Der alte Griesgram,
der Frosch, scheint nur bei Regen
lachen zu können.

Von dem fetten Grün
des Laubfroschs prallen sie ab,
die Regentropfen.

Barfuß im Regen –
die bloßfüßigen Enten
sind glücklich wie ich.

Fällt nach der Hitze
kühler Regen, hellen sich
die Gesichter auf.

Der Sommerregen –
er wäscht die Melonen blank,
läßt sie neu glänzen.

Das Blatt, von einem
Regentropfen getroffen,
es richtet sich auf.

Leuchten Blitze auf,
sieht man einen Augenblick
den Regen fallen.

Dort auf dem Hügel
ein einzelner Baum – dem Blitz
ist er am nächsten.

Nächtens lausche ich
dem Selbstgespräch des Regens –
er spricht, was ich denk.

Ich höre sie wohl,
die Botschaften des Regens –
kann sie nicht deuten.

Ans Fenster schlagen
Hagelkörner hart – wie sanft
warn Regentropfen!

Prasselt der Hagel
auf das Hausdach, ist's mir wie
Kastanienprallen.

Der Regenbogen –
ein Friedenszeichen zwischen
Himmel und Erde.

Zu vereinen scheint,
kurz nur, Himmel und Erde
der Regenbogen.

Der Regenbogen –
welche Verbindung zwischen
Himmel und Erde!

Sonnenfinsternis –
unterm Dachvorsprung suchen
Schutz die Hornissen.

An das Blechdach klopft
der Specht – in seinen Ohren
nur tönt's lieblich.

Die Buntspechthöhle
hat schnell sich angeeignet
der Siebenschläfer.

Aus dem Schlüsselloch
ein Käfer glotzt – ich steck den
Schlüssel nicht hinein.

Das einzige Bild
im Raum – im Fensterviereck
die fernen Firnen.

Das gelbe Rapsfeld
im Fistergeviert ersetzt
mir ein Gemälde.

All das Sonnengold
hat es in sich gesogen –
das gelbe Rapsfeld.

Auf jedem Laubblatt
eine Notiz des Sommers –
könnt ich sie lesen!

Wer sie lesen könnt,
die Schattenschrift der Blätter
an der Scheunenwand!

Kalligraphien
des Weinlaubs an der Hauswand –
wär ich Japaner!

Die Flügelschatten
der Schwalben am Scheunentor
rascheln wie Weinlaub.

Im Flug die Schwalbe
fängt die Mücke – am Boden
ihr Schatten gleichfalls.

Der Flug des Hähers,
er gleicht dem Schlag des Herzens,
sinkt und steigt und sinkt ...

Das Waldkäuzchen ruft –
ich zähle seine Rufe
wie die des Kuckucks.

Noch grün die Äpfel –
blinde Augen, die warten,
sehend zu werden.

Ehe ich sie brech,
bitt ich sie um Verzeihung,
die rote Rose.

Mit der Rose stiehlt
der Dieb auch das Wertvollste:
einen Tropfen Tau.

Die Heckenrose –
in ihrer Bescheidenheit
liegt wahre Größe.

Der Eintagsfliege
Dasein besteht wohl einzig
aus Sorglosigkeit.

Die Eintagsfliegen –
kennten sie ihren Namen,
wärn sie noch sorglos?

Die Eintagsfliege –
an einem Tag nur wird sie
die Welt erfahren.

Zur Vollkommenheit
der Welt, ja, gehört auch sie,
die Eintagsfliege.

Die Eintagsfliege –
eine Menge Ungemach
bleibt ihr wohl erspart.

Die Eintagsfliege –
weiß sie, daß ihr erspart bleibt
die Trübsal der Nacht?

Die Eintagsfliegen –
niemals lockt sie an der Duft
der Nachtviolen.

Ob sie sich niemals
nach einer Mondnacht sehnen,
die Eintagsfliegen?

Die Eintagsfliegen –
ohne das Mondlicht zu sehn,
müssen sie sterben.

Wie im Totenhaus
fühle ich mich im Garten –
wo die Insekten?

Mir scheint, die Blumen
trauern den Insekten nach,
die wir vergiftet.

Die wir vergiften,
die Lebewesen sterben
ohne Gegenwehr.

Pferdegewieher –
über die Torheit der Welt
scheint's ein Gelächter.

Unsere Brüder,
die Bären, kehren zurück –
haben uns verziehn.

Den Knaben kein Schwert! –
Von den Schwertlilien solln sie
lernen die Sanftmut!

Als trüg ich den Berg,
über den ich wandere,
auf meinem Rücken!

Wohin du auch gehst,
nur in dir selber wirst du
es finden, das Ziel!

Wenn du wissen willst,
ob sie dich liebt, befrage
erst den Papagei!

Als wir uns trennten,
morgens, sah ich, wie auch sie,
die Kerzen, weinten.

Ich lösch die Kerze,
die Laute der Sommernacht
besser zu hören.

Nicht verloren ist
eines Menschen Atemhauch –
die Luft nimmt ihn auf.

Gemeinsam mit dem
Walnußbaum alt zu werden –
das wünsche ich mir!

Kaum länger währt es,
unser Dasein auf Erden,
als ein Wellenschlag.

Die vom Meereswind
verkrüppelte Strandkiefer –
Bild der Unbeugsamkeit.

Gegen das Schweigen
der Landzunge donnert an
die Meeresbrandung.

In das Geratsche
der Nachbarinnen mischt sich
Entengeschnatter.

Die Vogelscheuche –
sieh, wie stolz sie herabblickt
auf die Bohnensaat!

Die Vogelscheuche –
schaut sie nicht auf uns Menschen
verächtlich herab!

Die Vogelscheuche –
die Menschen zu beneiden,
hat sie keinen Grund!

Der Vogelscheuche
verleiht Mondlicht den Anschein
eines Prunkgewands.

Im Licht des Vollmonds
steht die Vogelscheuche da
im vollen Ornat.

Die Vogelscheuche
reckt die Nase in den Wind,
wittert Brotzeitduft.

Die Vogelscheuche –
neidisch schaut sie dem Bauern
bei der Brotzeit zu.

Keine Furcht zeigen
die frechen Spatzen vor ihr,
der Vogelscheuche.

Die klapperdürre
Vogelscheuche schwitzt wohl nicht
bei dieser Hitze.

Die Ärmel blähn sich
der Vogelscheuche im Wind –
starke Arme, scheint's.

Bei dieser Kälte
ist die Vogelscheuche froh
um den Zylinder.

Wie sie mich ausschimpft,
die Amsel, die ich störe
beim Beerenpicken!

Fortflog die Amsel,
die im Weinlaub raschelte –
laut nun die Stille!

Die Vögel singen
gegen den Straßenlärm an –
bleiben Verlierer.

Goethens Standbild rümpft
die Nase – statt Blumenduft
Autoabgase!

Das Standbild Goethes –
ein Spätzlein rezitiert ihm
Spatzengedichte.

Von Goethes Standbild
fliegen blaue Tauben auf –
seine Gedanken?

Was tötet ihr sie –
die Kormorane sind doch
unsere Gäste!

Die Sonne leuchtet
über Japan und Deutschland –
die gleiche Sonne!

Herbst

Altweibersommer –
an einem Spinnenfaden
nun hängt der Sommer.

Mit seinen zarten
Flügeln kämpft der Falter an
gegen den Herbstwind.

In Hundeaugen
auch seine Pracht entfaltet
der Septembermond.

Die Steinlaterne –
dem Herbstmond und der Grille
ein gastliches Haus.

Im Grillengezirp
ist nichts zu spüren von der
Angst vor dem Sterben.

Der Sterbegesang
der Grille klingt genauso
wie ihr erster Sang.

Ohne Furcht zirpt sie,
im Herbstlaub die Zikade –
bis zum Verstummen.

Zikadengesirr –
aus dieser Eintönigkeit,
was hört man heraus?

Eine Birne fällt
in den Teich samt safttrunkenen
Bienen und Wespen.

Im Apfel schlemmen,
ungeachtet seines Falls,
die Wespen weiter.

Eine Kastanie
umfaß ich mit den Fingern –
letzte Wärme spürn!

Die Herbstzeitlose –
auch sie muß sich fügen dem
Gesetz des Vergehns.

Kartoffelfeuer –
auf schlanken Rauchsäulen ruht
die Himmelskuppel.

Das Himmelsgewölb,
es stürzte herab, stützten
es nicht Rauchsäulen.

Herbstlich geht der Wind –
doch in all meinen Knochen
Sommerwärme noch.

Auf Haferstoppeln
bläst Herbstwind die Melodie
der Vergänglichkeit.

Den Kinderdrachen
hör ich im Herbstwind wimmern:
Ach, laß mich doch loß!

So durchsichtig sind
die Fingerchen des Kindes
in der Herbstsonne.

Der rote Drachen –
von eines Kindes Hand, sieh,
läßt er sich lenken!

Ehvor er abstürzt,
schlägt er noch Purzelbäume,
der Kinderdrachen.

Seinen vom Hagel
durchlöcherten Drachen trägt
ein Knabe nach Hause.

Der sich im Wasser
spiegelt, von der Herbstsonne
stößt der Schwan sich ab.

Meines Spiegelbilds
nicht achtend, taucht das Bläßhuhn
mitten in mein Herz.

Auf dem Geländer
sitzt eine Möwe und blickt
auf den See hinaus.

Nächtens lausche ich
dem Herbstregen, der lange
Selbstgespräche führt.

Mit einer Walnuß
im Schnabel fliegt die Krähe
auf das Nachbardach.

Im Herbstwind winken
sich die Vogelscheuchen zu
mit leeren Ärmeln.

's ist Zugvogelzeit –
ach, hätte ich doch Flügel
statt meiner Arme!

Das Flügelrauschen
der Wildgänse in der Nacht,
wie macht's sehnsüchtig!

Der Wildgänse Schrei –
die Vergänglichkeit des Seins
ihrer Klage Grund?

Mit blinden Augen
die Taube aus Porzellan
blickt in die Ferne.

Ich halte mein Ohr
an den Telegraphenmasten –
Stimmen von drüben?

Wenn ich die Augen
aufschlag in der andern Welt,
werd ich dann sehend?

Nun rücken auch sie
zusammen am Herbstabend,
unsere Schatten.

Je älter man wird,
desto kürzer scheint der Tag –
und länger die Nacht!

Herbstabendkühle –
mein Schatten zieht sich fröstelnd
in mein Ich zurück.

Herbstabendkühle –
sogar die Stimmen frösteln
der Heimkehrenden.

Herbstabendkälte –
nachbarlicher Ehestreit –
oh, wie beruhigend!

Einen Tropfen Wein
wenigstens laß uns übrig,
Saufbruder Herbstmond!

Dem Mond ist es gleich,
wenn ihn die Leute anstarrn
in dieser Herbstnacht.

Oktoberabend –
wie angenehm, daß keine
Mücken mehr stechen!

Zur Nacht der Herbststurm
übt in den Fensterritzen
das Flötespielen.

Im Novembersturm
irren Totentanz tanzen
die Vogelscheuchen.

Im Abendnebel
sehn alle gleich traurig aus –
die Vogelscheuchen.

Krähengesichter
haben nun auch die Menschen
im Abendnebel.

Novembernebel –
gleichen sie sich nicht alle,
Herren und Diener!

Nebel wie Wolle
umhüllt den Glockenschwengel,
dämpft den Glockenton.

Novembernebel –
heute wallt er hinein, ach,
bis in die Seele!

Was winkt es mir zu,
fünffingrig, das Ahornblatt? –
Es kennt mich doch nicht!

An des Apfelbaums
blattlosem Zweig der Herbstmond –
vergessner Apfel.

Bei vollem Mondlicht
der leise Fall des Herbstlaubs
stimmt noch trauriger.

Die Nachtgeräusche,
Regenfall und Blätterfall,
wie lieb sie mir sind!

Ein Walnußblatt fällt –
wieder dahin vom Leben
eine Sekunde!

Durch kein einziges
Blatt, das fällt, gerät die Welt
wohl aus den Fugen.

Ein erfüllter Tag –
nichts anderem zugehört
als dem Blätterfall.

Nach dem Blätterfall –
auch in meinem Inneren
ist's kahl geworden.

Die weißen Astern –
sehnsüchtig blicken sie auf
nachts zu den Sternen.

Will er nicht aufgehn
heute, der Mond? – Schämt er sich
vor weißen Astern?

Reif auf den Astern –
wo Morgensonne hinscheint,
nur dort taut er auf.

Chrysanthemenduft –
wird er wohl der gleiche sein
in der andern Welt?

Was gibt ihr die Kraft,
der weißen Chrysantheme,
klaglos zu welken?

Die Chrysantheme
in meinem Zimmer mildert
das Dunkel der Nacht.

Die lange Herbstnacht
mit Chrysanthemen verbracht –
zu schweigen gelernt.

Winter

Hat es aufgehört
zu regnen – oder fällt schon
der erste Schnee nachts?

Als nachts der Regen
in Schnee überging, wurd
ich von der Stille wach.

Wann ging des Nachts
der Regen in Schnee über? –
Ich lag doch schlaflos!

Erste Schneeflocke –
ihr öffne ich mein Fenster,
daß sie hereinflög.

Im Bart des Greises,
was sucht sich zu verstecken
erste Schneeflocke?

Nachts durch mein Fenster
dringt ein heller Schein herein –
der erste Schneefall!

Neuschnee über Nacht –
beim Erwachen wähn ich mich
in der andern Welt.

Erster Schnee des Nachts –
morgens die fernen Berge,
weiß schimmern sie auf.

Schneefall über Nacht –
aus ihrer ruhigen Ecke
die Schneeschaufel glotzt.

Zertrampelt ihn nicht,
den ersten Schnee, ihr Menschen –
er kam vom Himmel!

Unterm ersten Schnee
die Sommerabendkühle
im Rettich verblieb.

Die weißen Astern
beugen sich dem ersten Schnee –
o welche Demut!

Bringe mir nur nicht
zum Schmelzen den ersten Schnee,
du glühender Mond!

Träte ich hinaus
in den frisch gefallnen Schnee,
ich entweihte ihn!

Von den Schneeflocken,
die leis herniedersinken,
das Schweigen lernen.

Verschneiter Kirschbaum –
wie schön die Blüten aus Schnee –
doch, ach, nicht duftend!

Auf den Kirschzweigen
die Schneeflocken – ist etwa
schon Kirschblütenzeit?

Schließ ich die Augen,
seh ich Pflaumenbäume blühn
mitten im Winter.

Hinter dem Schneefall,
was mag sich dort verbergen? –
Die Vergangenheit?

Unaufhörlich schneit's –
immer höher häuft sich Schnee
auf meiner Schulter.

Fußstapfen im Schnee –
der hier vor mir gegangen,
nur kurz mir voraus.

Über die weite
tiefverschneite Ebene
weht auch der Wind weiß.

Die Glocke bereift –
etwas kühler klingt sie heut,
der Glocke Stimme.

In den Radspuren
ist das Wasser gefroren –
wo trinkt der Fasan?

Mit meinen weißen
Haaren erschein ich im Schnee
doch etwas jünger?

Die Vogelscheuche –
einen Pelz aus Hermelin
schenkt ihr der Neuschnee.

Ihr dünnes Gewand
schützt die Vogelscheuche nicht
vor dem Winterwind.

Wie verwünsche ich
des Nachbarn Schornstein, der mir
den Neuschnee verrußt!

Der Schlittschuhläufer –
den Tagmond im Eis des Teichs,
wie zerfurcht er ihn!

Wasch dir die Hände,
eh du einen Schneeball formst,
daß rein bleibt der Schnee!

Der Buntspecht hämmert
an den Silberpappelstamm –
Schnee stäubt hernieder.

Karge Winterzeit –
Freund und Feind versammelt sich
am Vogelhäuschen.

Welch weiße Decke
heute der Ackergaul trägt
im Schneegestöber!

Der Ackergaul trägt
einen Sattel aus Schnee heut –
ist doch kein Reitpferd!

Der weiße Kranich,
nur zu erkennen im Schnee
am roten Punkt auf dem Kopf.

Der Silberreiher –
nicht zu erkennen im Schnee,
nur zu erahnen.

Vom Silberreiher
im Schnee zu erschauen
nur die roten Füße.

Immer fest rudern,
heißt es für den Höckerschwan,
daß er nicht einfriert.

Bitterkalte Nacht –
sogar der Vollmond ist jetzt
von Reif umrundet.

In dieser Frostnacht
hängt mein Schatten schwer an mir –
wie ein Klumpen Eis.

In dieser Frostnacht
frieren sogar die Schuhe
vor der Haustüre.

Eisige Frostnacht –
Goethe auf seinem Sockel
scheint nicht zu frieren.

Kalter Wintertag –
aus der Nase hängt Goethen
ein Zapfen aus Eis.

Wo Goethes Standbild
mit der einen Schulter im
Schatten steht, noch Schnee.

Wie die Eisblumen
wachsen im Licht des Mondes,
der ihre Sonne!

Den Schnee zu malen,
ein Bogen weißen Papiers
dem Meister genügt.

Der Schneeflocke gleich
ist das Haiku, das hinschmilzt,
hast du's gesprochen.

Mag's draußen noch schnein,
tief innen in der Seele
wird es schon Frühling.

Charons Kahn fror ein –
nun leb ich in Angst und Furcht
vor dem Tauwetter.

Ganz leis unterm Schnee
klingen die Schneeglöckchen schon –
nur der Haijin hört's.

Unter dem Schnee schon
beginnen die Schneeglöckchen
leise zu läuten.

Dem bronznen Reiher
am Teichrand vom Schnabel nun
ein Eiszapfen hängt.

Der Silberreiher –
oder noch ein Rest von Schnee
am Rande des Teichs?

Tropfen für Tropfen
des schmelzenden Eiszapfens
durchlöchert den Schnee.

Rauh der Föhnwind greift
in die Eiszapfenharfe –
bis die Saiten reißen.

Mit einem Schneemann
hab ich Freundschaft geschlossen –
schnell schmilzt sie hin.

Dahingeschmolzen
mit dem Schnee die Fußstapfen –
ging hier je einer?

Am Jahresende –
was schert es meine Katze,
daß ein Jahr vorbei!

Am Jahresende –
ein Jahr älter geworden –
aber auch weiser?

Das Jahr ist vorbei –
nichts geblieben als das Loch
in meiner Socke.

Sylvesterglocken –
stets mit einem Unterton
von Totenglocken.

In der Neujahrsnacht –
gelassen wandert der Mond
in das neue Jahr.

NACHBEMERKUNG

Kyoshi Takahama (1874 – 1959), Schüler von Shiki (1866 – 1902) und ab 1898 Leiter der von Kyokudo Yanagihara 1897 gegründeten Haiku-Zeitschrift »Hototogisu« (Der Kuckuck), beschreibt das im 14. Jahrhundert in Japan unter dem Einfluß des Zen-Buddhismus entstandene und im Gefolge des »Japonismus« in der Malerei auch in Europa als kleinste Gedichtform der Welt (17 Silben in der Zeilenfolge 5-7-5) bekanntgewordene Haiku folgendermaßen: »Haiku ist eine literarische Aussage, bei der die Form vorgegeben ist. Sein Leben wird bestimmt durch seine klassische Prägung. Mit seiner 17silbigen Form und seinem Gefühl für die Jahreszeiten nimmt das Haiku einen einzigartigen Platz im Bereich der Dichtung ein.«[1]

Kyoshis Enkelin Teiko Inahata, Haiku-Dichterin und derzeitige Leiterin von »Hototogisu«, sieht den Sinn des traditionellen Haiku darin, »in objektiver Beschreibung die Welt von Blumen, Vögeln, Wind und Mond zum Tönen zu bringen.«[2] Der Bezug auf einen Naturgegenstand und die Nennung einer Jahreszeit offenbaren eine Naturverbundenheit, wie sie nur der im Zen-Buddhismus lebende japanische Haijin (Haiku-Dichter) erfährt.

Darum bin ich skeptisch gegenüber der Behauptung, es gebe ein »westliches«, in Sonderheit »deutsches« Haiku, da dessen Dichtern in aller Regel die Zen-Bezogenheit fehlt. Texte, die oftmals als »deutsches« Haiku bezeichnet werden (z. B. solche von Arno Holz, Franz Blei, Bert Brecht, Günter Eich) sind keine Haiku im »japanischen« Sinn, sondern eben Kurzgedichte, die wegen ihrer Prägnanz dem literarischen Geschmack des modernen »Westlers« entgegenkommen.

Seit über 50 Jahren beschäftige ich mich mit dem Haiku und habe Tausende japanischer und deutscher Haiku gelesen. Bei den deutschen habe ich meistens nur eine Nachahmung japanischer

---

[1] Horst Hammitzsch in »Erste Haiku-Schritte – eine Fibel« von Teiko Inahata, München 1986.
[2] Ebd.

Vorbilder vorgefunden, ohne daß in mir ein »Nachklang«, wie ihn die Japaner vom Haiku fordern, entstanden wäre. Ich hatte beim Lesen der Texte vielmehr den Eindruck, eine photographische Ablichtung vor Augen zu haben. Somit stimme ich mit jenem japanischen Kritiker überein, der einem deutschen »Haiku«-Dichter folgendes ins Stammbuch schrieb: »Ihre Haiku erwecken in mir das Gefühl, als ob ich hervorragende künstlerische Photos betrachte. Daran erkenne ich den feinen Unterschied zwischen Ihren und den japanischen Haiku.«[3] Und wie der Kunstkritiker Hans Tietze über die Schöpfungen des »Blauen Reiters«, jener radikal-expressionistischen Münchner Künstlergruppe, urteilte, kann auch für das »deutsche« Haiku gelten: »Mit einer Eindringlichkeit sondergleichen wird uns ... in Erinnerung gerufen, daß die Nachahmung der Natur, das Abbilden der Wirklichkeit nicht die Aufgaben der Kunst sind.«[4]

Ich für meine Person erspare mir nicht den Selbstvorwurf, den Ansichten sowohl deutscher Japanologen als auch japanischer Germanisten und Haijin, ich zähle zu den Begründern des „deutschen" Haiku, erlegen zu sein. Diese Ehre, so meine ich, steht mir mit Fug und Recht nicht zu. Meine »Haiku« mögen zwar eine Affinität zum japanischen Naturverständnis aufweisen, doch ist mir als deren Verfasser, der in der abendländisch-christlichen Weltanschauung erzogen worden ist, der dem japanischen Haiku innewohnende Zen-Buddhismur wesensfremd.

Dennoch wage ich es, meinen »Haiku«-Büchern einen weiteren Band hinzuzufügen in der Hoffnung, der japanische und der deutsche Leser möge meine Texte in der japanischen Haiku-Form ganz einfach als deutsche Kurz-Gedichte betrachten.

Dachau, im Oktober 2009

---

[3] Beilage zu einer Haiku-Sammlung, Kadokawa Verlag, Tokyo 1975.
[4] Norbert Göttler: Der Blaue Reiter, Rowohlt Taschenbuch Verlag, Reinbek bei Hamburg 2008.

Inhalt

Neujahr · 7

Frühling · 13

Sommer · 27

Herbst · 65

Winter · 75

Nachbemerkung · 85